Diseño gráfico: Mari Salinas
Ilustraciones: Juan López Ramón
Corrección: Isabel López / Equipo Susaeta

© SUSAETA EDICIONES, S.A. - Obra colectiva
Campezo, 13 - 28022 Madrid
Tel.: 91 300 91 00 - Fax: 91 300 91 18
www.susaeta.com

Cualquier forma de reproducción o transformación de esta obra sólo puede ser realizada con la autorización del titular del copyright. Diríjase además a CEDRO (Centro Español de Derechos Reprográficos, www.cedro.org) si necesita fotocopiar o escanear algún fragmento de esta obra.

Chistes para niños

susaeta

Sumario

De llamadas telefónicas	8
De profesores y alumnos	18
De niños terribles	34
De médicos y enfermos	56
De dinero y avaros	80
De locos y borrachos	106
De militares y policías	128
De todo un poco	150
Chistes de Lepe	242
Exageraciones de Lepe	303
Colmos	310
Acertijos	320

De llamadas telefónicas

¡¡¡RIIING!!!
—¿Es el 917 271 236?
—No, aquí no tenemos teléfono.

¡¡¡RIIING!!!
—¿Es la Sociedad Protectora de Animales?
—Sí.
—¡Guau, guau, protéjame!

¡¡¡RIIING!!!
—¿Está Agustín?
—No, estoy incomodín.

¡¡¡RIIING!!!
—Buenas, ¿tienen comidas de encargo?
—Muy buenas.
—Muy buenas, ¿tienen comidas de encargo?

¡¡¡RIIING!!!
—¿La carnicería?
—Dígame.
—¿Tiene cabeza de jabalí, lomo de cerdo, muslo de pollo y rabo de conejo?
—Sí.
—¡Pues debería trabajar en algún circo!

¡¡¡RIIING!!!
—Dígame.
—Me.

¡¡¡RIIING!!!
—¿Está Conchita?
—No, estoy con Tarzán.

¡¡¡RIIING!!!
—¿Es el 937 415 757?
—No, es el 757 514 739.
—Perdone, es que soy zurdo.

¡¡¡RIIING!!!
—¿Es la compañía telefónica?
—Sí.
—Pues tiren del cable, que aquí sobra.

¡¡¡RIIING!!!
—¿Es el 934 162 755?
—¡No ha acertado ni uno!

RIIING!!!
—¿Ahí lavan la ropa?
—No.
—¡Uy, qué cochinos!

Llama un vendedor por teléfono a un presunto cliente y contesta la voz inconfundible de un niño pequeño:

—¿Están tu papá o tu mamá? —pregunta el vendedor.

—Ninguno de los dos.

—Entonces, ¿hay allí alguna otra persona?

—Sí, mi hermana.

—Bueno, ¿quieres decirle que se ponga?

Hay un silencio durante un rato largo. Al fin el vendedor vuelve a oír la voz del chiquillo:

—No puedo sacarla de la cuna.

Cierto personaje, para darse aires, simulaba importantes conversaciones telefónicas cada vez que llegaba una visita. Un día, al entrar un desconocido, cogió el teléfono y, como de costumbre, empezó:
—Buenos días, señor ministro. ¿Cómo dice? ¿Quiere que nos veamos hoy con el embajador? ¿Que lo suyo es más importante? Bueno, haré lo que pueda, le llamaré un poco más tarde. Y usted, joven, ¿qué desea?
—Vengo para arreglar su teléfono, que está sin línea...

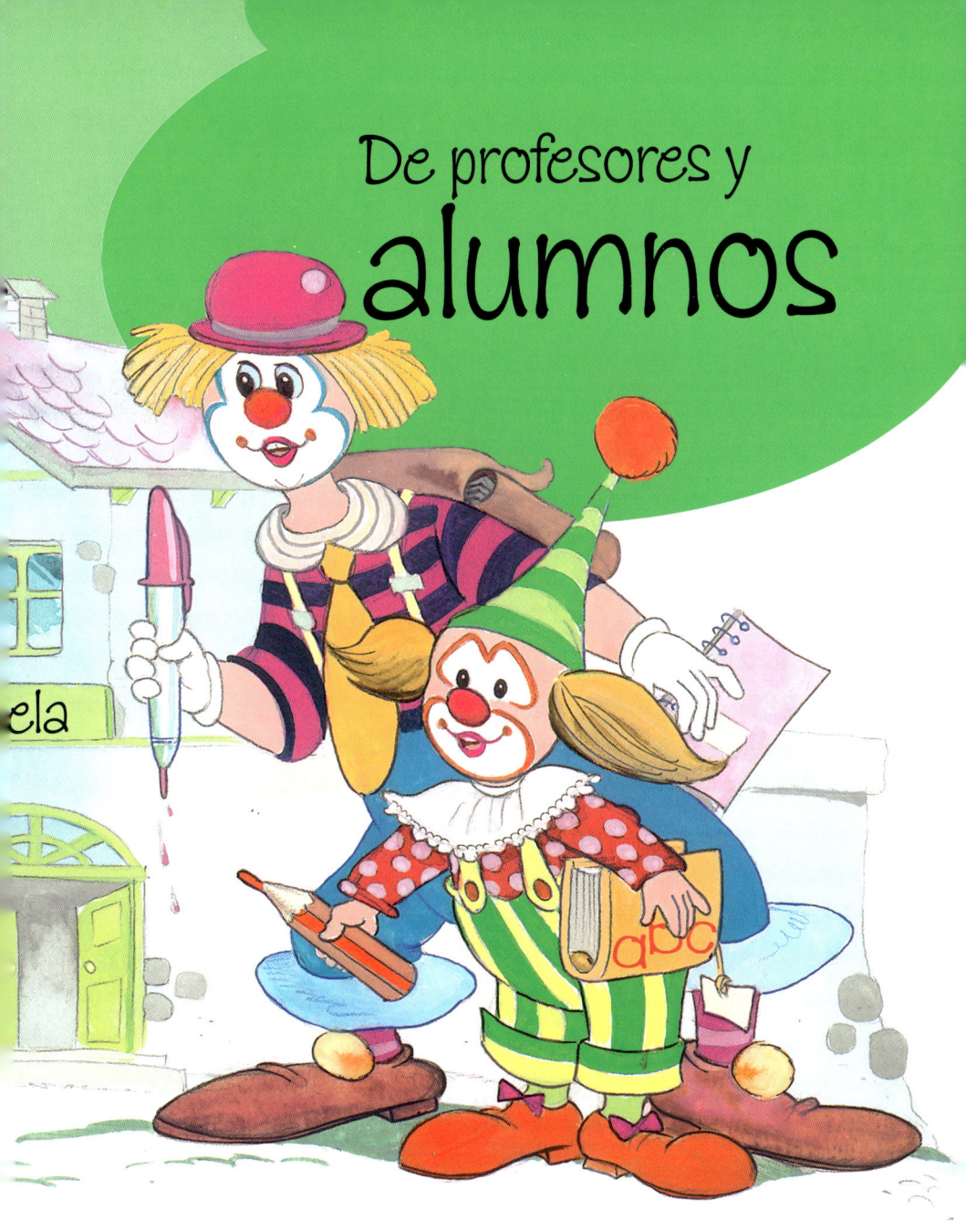

Una madre le pregunta a sus hijos:
—¿Está contento el profesor con vosotros?
—Sí, mamá.
—¿Y vosotros con él?
—Muchísimo, mamá.
—¿Por qué?
—Porque dice que si todos los niños fueran como nosotros se jubilaría muy pronto.

El padre le dice al niño:
—Me temo que algún día el profesor se dará cuenta de que soy yo el que te resuelve los problemas.
—Papá, creo que ya lo sabe... Ayer me dijo que le parecía imposible que yo solo pudiese cometer tantos disparates.

La profesora de matemáticas estaba poniendo los deberes para el día siguiente:

—Haréis los primeros diez problemas de la página 16... también los cinco de la página siguiente... (los chicos toman nota y se escuchan algunos suspiros). Y también...

De pronto, se oye una voz lastimera:

—¡Pobre papá, la que le ha caído encima!

Una madre le dice a su hijo:
—Manolín, ¿qué haces en casa a estas horas? ¡Deberías estar en el colegio!
—¡Ya decía yo que se me olvidaba algo!

• • • • • • • • • • • • • • • • •

A un estudiante que tenía muy mala ortografía la profesora le aconsejaba:
—Consulta el diccionario siempre que tengas alguna duda.
—Pero —contesta el alumno—, ¡es que yo nunca dudo!

—¿Cuánto pesa la Tierra? —preguntó un alumno a su profesor.

El profesor, que no sabía la respuesta, se zafó con un truco. —Me parece muy interesante tu pregunta —le dijo—. Veremos quién puede contestarla mañana.

Esa noche buscó en todos los libros hasta que encontró una cifra. Al día siguiente preguntó si alguien sabía la respuesta.

Como nadie contestó, el profesor dio el resultado de su investigación.

Entonces, el mismo chiquillo preguntó:
—¿Con gente o sin gente?

—Mamá, hoy no quiero ir a la escuela.
—¿Qué te pasa, hijo?
—Pues mira, primero, que tengo sueño; segundo, que me aburro; y tercero, que se ríen de mí.
—¿Sabes lo que te digo? Que tienes que ir. Primero porque es tu obligación, segundo porque ya tienes treinta y cinco años, y tercero ¡porque eres el director!

El profesor dio el tema de la composición a sus jóvenes alumnos: «Si yo fuese el director de una empresa...».

Todos los niños se inclinaron sobre sus cuadernos y empezaron a escribir. Todos menos uno.

—Fernández: ¿por qué no comienza su ejercicio? —le preguntó el maestro.

—Estoy esperando a mi secretaria —contestó el muchacho.

Un maestro de primer año había pedido a sus alumnos que hicieran un dibujo de un pato con una sombrilla. Se suponía que los niños debían pintar el pato en amarillo y la sombrilla en verde. Juanito, el rebelde de la clase, pintó el pato en rojo.

—Juanito, ¿cuántos patos rojos has visto en tu vida? —preguntó el maestro.

—El mismo número que de patos amarillos con sombrillas verdes —respondió.

Examen de historia en una escuela para adultos.

—¡A ver! Aquel que está cerca de la puerta, ¿cuándo ocurrió la batalla de Trafalgar?

—No lo sé.

—Pero sabrá quién perdió en Waterloo...

—¿Waterloo? Ni idea.

—Veamos, ¿quién incendió Roma?

—No sé nada de eso.

—Entonces, ¿qué hizo usted anoche en vez de estudiar?

—Estuve jugando a las cartas.
—Muy bonito, hombre. ¡No sé a qué viene usted aquí!
—Vengo a poner unas bombillas. ¡Soy el electricista!

● ●

Una madre le pregunta a su hijo:
—¿Está contento contigo el profesor?
—Ya lo creo.
—¿Y tú con él?
—Más aún.
—¿Por qué?
—Porque dice que si todos los niños fuesen como yo, cerraba la escuela.

El profesor le pregunta al alumno:

—¿Por qué ha llegado otra vez tarde a clase?

—Pues verá, es que tengo un problema en la espalda.

—¿Le duele?

—No profe, es que no la puedo despegar de las sábanas.

— Hijo, ayer no fuiste a clase, la vecina me ha dicho que te vio salir de los juegos recreativos.

—¿Y qué querías que hiciese, que me quedara allí?

La niña pequeña, que acaba de despertarse, llora amargamente. Su madre corre a su lado y le pregunta:

—¿Qué te pasa?

Sollozando, la niña contesta:

—Es que estoy pensando que tendré que vestirme y desvestirme todos los días de mi vida...

Llega Pedrito a casa escondiendo las notas detrás de la espalda. Ofrece un bolígrafo a su padre y le dice:
—Papá, ¿sabes firmar con los ojos cerrados?

De niños terribles

Un chiquillo de aspecto descarado llevó un gato a una anciana y le dijo:

—Deme unas monedas, señora.

—Debería darte vergüenza, andar pidiendo limosna a tu edad —le regañó la anciana.

—No estoy pidiendo limosna. Usted prometió darle una recompensa a quien le trajera el canario que se le perdió.

—Y ¿dónde está el canario?

—Dentro del gato.

—Oye, mamá, ¿por qué papá tiene tan poco pelo?
—Es que papá es *muy* inteligente y está siempre pensando.
—Y entonces, ¿por qué tienes tú tanto?
—¡Anda, calla y cómete la sopa!

Durante un partido de fútbol, un espectador observa que a su lado hay un muchacho de diez años dando gritos contra el árbitro y los jugadores del equipo visitante. Harto ya de los modos del chiquillo, le dice:

—Pero, ¿dónde están tus padres?

El chaval responde:

—Mi madre se ha ido a pasar unos días a casa de mi abuelo.

—¿Y tu padre?

—Está loco.

—¿En el hospital?

—No, en casa.

—¿Y cómo has podido dejar al pobre hombre solo?

—Bah, está loco buscando la entrada.

La abuela materna ha venido a pasar unos días con su nieta.

—¡Ahora papá podrá hacer su número! —gritó la niña con alegría.

—¿Qué truco es ése? —preguntó la abuela.

—Bueno —suspiró la niña—. Papá dijo que si te quedabas una semana entera, se subiría por las paredes. Estoy deseando verlo...

Pedrito fue al zoológico con su madre.

—¿Por qué no me compras un animal, mamá? —le rogó el niño.

—No sabríamos cómo alimentarlo —contestó la madre.

—Entonces cómprame uno de esos que están en las jaulas donde dice: «Prohibido darles de comer».

El papá vestía a su hija de tres años y no encontraba los calcetines.

—¿Dónde pone tu madre los calcetines?

—Aquí —dijo la niña señalándose los pies.

Una actriz francesa visitó el estudio de un pintor muy «moderno».

Éste le enseñó un cuadro donde sólo se veían manchas de color y ciertas líneas cruzadas.

—Es mi retrato —dijo.

Luego le enseñó otro por el estilo.

—Es el retrato de mi mujer.

—¡Menos mal que no ha tenido hijos! —contestó la actriz.

—¿Cuánto tiempo permanecieron Adán y Eva en el Paraíso? —le preguntó un niño a su hermana.

—Hasta el 15 de septiembre —contestó ella.

—¿Por qué precisamente el 15 de septiembre? —insistió el niño.

—Porque las manzanas no maduran antes.

Un oculista estaba examinando la vista a un niño y, para conseguir que se estuviera quieto, hizo dos agujeros en una bolsa de papel y se la puso en la cabeza.

—Ahora, ¿qué ves? —le dijo.

El niño comenzó a llorar.

—Pero, ¿qué te pasa? —preguntó el médico.

—¡Yo quería unos aros de alambre, como los de mi hermano! —sollozó.

Un padre de familia estaba enfadado con el mal comportamiento de sus hijos a la hora de comer.

—Todos quieren hacer aquí lo que se les antoja —les gritó—. ¿Es que aquí yo no cuento para nada? Soy un pobre incomprendido. ¿Cuándo vais a hacer lo que yo diga?

Marcos, de cuatro años, tirándole de la manga, le aconsejó:

—Llora un poquito.

Al tratar de explicar a su hija qué era un milagro, la madre le dijo:

—Imagínate que caes desde un tercer piso y no te sucede nada. ¿Qué sería eso?

—Eso sería tener buena suerte, mami.

—Imagina que vuelves a caer y tampoco te lastimas. ¿Sigue siendo buena suerte?

—Entonces sería muy buena suerte.

—Pero, ¿y si te caes una tercera vez y no te pasa nada?

—Bueno. Eso ya sería cuestión de práctica.

El vendedor de una tienda de juguetes a una niña pequeñita:

—Este modelo hace de todo: anda, habla, llora, hace pipí y toma el biberón...

—Ya tengo una hermanita que hace todo eso —replicó desdeñosamente la niña—. Yo sólo quiero una muñeca.

En una función para niños, un prestidigitador hace subir al escenario, para hacer un truco, a un pequeño

que se encuentra entre el público, y le pregunta:

—¿Verdad que tú no me conoces de nada y que es la primera vez que me ves? ¡Anda, díselo a todo el mundo!

—Sí, papá.

El sobrino de un banquero:

—Mi tío se sienta en un sillón giratorio, no hace nada y gana ochenta euros a la hora.

El sobrino de un abogado:

—Mi tío se limita a hablar a la gente y gana cien euros a la hora.

El sobrino de un párroco:

—Mi tío habla veinte minutos una vez a la semana, y cuatro personas tienen que ayudarle a recoger el dinero.

Una niña muy despierta pregunta a su mamá:

—¿Es verdad que los muertos se convierten en polvo?

—Sí, hijita —responde su mamá.

—Pues entonces, mamá, debe de haber muchos muertos debajo de tu cama.

• • • • • • • • • • • • • • • • • •

—Papá, me he tragado la aguja del tocadiscos y no me ha pasado nada, y no me ha pasado nada, y no me ha pasado nada, y no me ha pasado nada...

Un chico de cinco años fue a conocer al bebé recién nacido de los vecinos. Largo tiempo estuvo contemplando la carita arrugada y rojiza, y después, con gran seriedad, dijo:

—Ahora comprendo por qué su mamá lo llevaba escondido debajo de la falda...

Un niño volvió a su casa con un ojo amoratado y con varios arañazos, señal de haber participado en una pelea. Mientras su madre le curaba las heridas, dijo el chico:

—¡Qué modo de pelear, mamá! Cuando desafié a Jaime la semana pasada y le dije que podía escoger las armas... ¡Caramba! Jamás pensé que iba a escoger a su hermano.

Un chiquillo llegó a su casa con un billete de veinte euros y le dijo a su madre que se lo había encontrado en la calle.

—¿Estás seguro de que alguien lo había perdido?

—Sí, claro. Yo mismo vi a un señor que lo buscaba.

Un señor mató a una rata cuando estaba trabajando en el jardín. Deseando que la noticia no corriera por la vecindad, dijo a sus hijos que eso era un secreto de familia, ya que las ratas eran «cosas horribles y sucias».

No tardó en enterarse de que su hijo de siete años le había dicho a su profesora en clase:

—Tenemos un secreto de familia, pero no me permiten contarlo, porque es algo horrible y sucio.

Dos hermanitos están jugando:

—Te doy seis euros si dejas que te casque tres huevos en la cabeza —dice el mayor.

—¿Palabra de honor? —pregunta el menor.

—Palabra de honor —responde el primero.

Muerto de risa, el chico mayor casca los dos primeros huevos en la cabeza del hermano. Tras permanecer quieto como un poste por miedo de que el viscoso líquido le caiga en la ropa, el pequeño grita:

—Bueno, ¿qué pasa con el tercer huevo?

—¡Ni que fuera tonto! —responde el hermano mayor—. ¡Ése me cuesta seis euros!

Un camionero fornido acude al dentista porque no le deja dormir una muela hace ya unos días. El hombre, al ver la cantidad de bisturís, pinzas, etc. del médico, está a punto de salir corriendo.

—¡Si no es nada, hombre! —le dice el dentista—. Tenga, tome un trago de whisky, verá como se tranquiliza.

El camionero bebe un trago, y otro, y así hasta que acaba con la botella.

—¿Ve? ¿A que se siente más valiente ahora?

—¡Naturalmente! ¡A ver quién es el guapo que me toca ahora la muela!

—Doctor, me siento mal.
—Pues siéntese bien.

—Doctor, nadie me hace caso...
—¡Que pase el siguiente!

Una joven madre que visitaba al médico no hacía el menor esfuerzo por controlar a su hijito de cinco años, que estaba haciendo de las suyas. De pronto se oyó un gran estruendo de frascos y botellas. La madre dijo:

—Supongo que a usted, doctor, no le molestará que esté Jorgito en su laboratorio...

—No —dijo el médico con mucha calma—. Pronto se estará quieto; parece que ya ha encontrado los venenos.

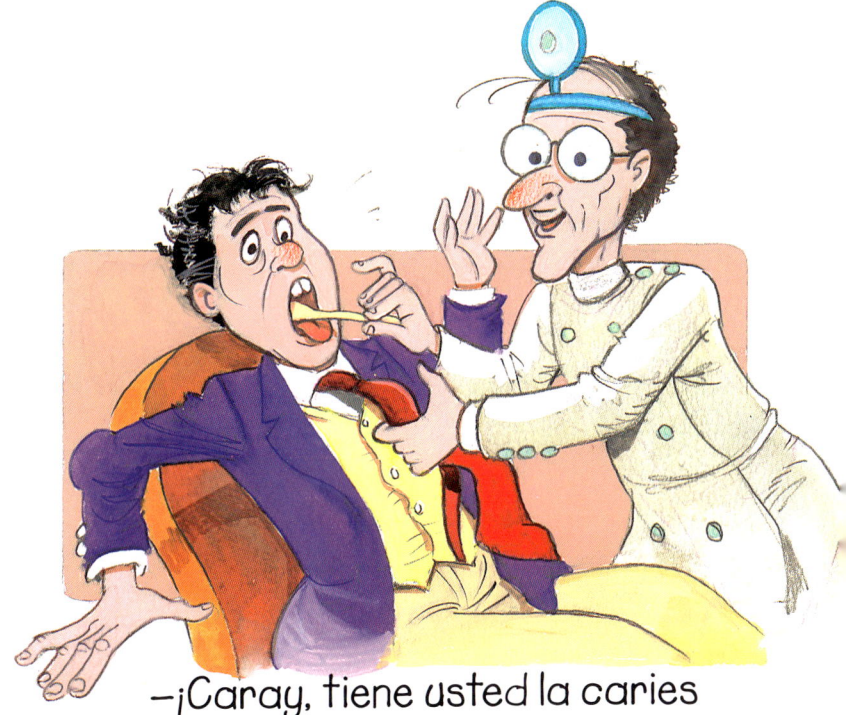

—¡Caray, tiene usted la caries más grande que he visto en mi vida! —dijo, asombrado, el dentista al nuevo paciente.

—¡La caries más grande que he visto en mi vida!

—No tiene por qué repetirlo —gruñó el paciente.

—No lo he repetido yo, señor. Ha sido el eco.

En la consulta de un otorrinolaringólogo, el médico le dice al niño:

—Di «A».

—No quiero.

—Anda, niño, di «A» —interviene la madre.

—No quiero, mamá. La última vez que lo hice, me quitaron las amígdalas.

—Doctor, doctor, ¿usted cree que mi marido perderá el ojo?

Contesta el doctor:

—¡Ah! No lo sé, yo se lo he metido en el bolsillo.

Un médico le dice a un paciente:

—Y sobre todo, le recomiendo que beba más agua que vino.

—¿Cómo? —exclamó el enfermo asombrado y asustado—. Es imposible, completamente imposible.

—¿Por qué?

—Pero doctor, ¿cómo quiere que beba más agua que vino? ¡Si bebo tres litros de vino diarios!

—¿Ha dormido usted con la ventana abierta como le recomendé?
—Sí, doctor.
—¿Y cómo le ha ido?
—Muy mal, me robaron la cartera de la mesilla de noche.

Un psiquiatra no conseguía curar a un paciente que tenía la idea fija de haberse tragado un caballo.

—Lo tengo aquí dentro —decía siempre el enfermo.

Por fin decidió el doctor simular una operación. Trasladaron al paciente a un quirófano, le dieron una pequeña dosis de anestésico y al despertar le hicieron mirar al jardín por una ventana.

—Ya está usted sano. Le hemos sacado el caballo.

—¡Mentira! —exclamó el enfermo—. Ese caballo es negro y el que yo me tragué era blanco.

—¿Es aquí donde sacan las muelas gratis?
—La primera vez, sí.
—¿Y la segunda?
—No lo sé. Nadie vuelve.

—¿En qué se parece el autobús 111 a un médico?
—En que los dos empiezan con uno, siguen con uno y terminan con uno.

Una señora llamó al fontanero para que arreglase una fuga sin importancia. Aunque apenas le llevó unos minutos, el trabajador pidió una elevada suma por su faena.

—¡No puede ser! —protestó la señora—. Pero si el médico me cobra la cuarta parte...

—Lo sé: yo era médico antes.

En la consulta.

—El corazón está bien. Sólo padece usted de cálculos.

—Ya me lo temía yo. Gano ochenta mil pesetas al mes y somos siete en casa...

En el oculista.

—La falta de vista de que usted se queja es debida a que bebe demasiado whisky.

El enfermo:

—No lo crea usted, doctor, precisamente cuando bebo lo veo todo doble.

Un célebre médico cobraba 150 euros por la primera consulta y 100 por cada una de las siguientes. Un «listillo» que no deseaba pagar los 150 euros y creía preferible empezar por la segunda visita, entró un día en la consulta diciendo:

—Doctor, aquí me tiene otra vez.

—Muy bien, desnúdese.

Después de un largo examen, el doctor concluyó:

—Esto va bien: continúe con el tratamiento que le di en la primera visita.

—¡Nunca has ido a ver a un psiquiatra! —exclamó atónita una joven que hablaba con un amigo—. ¡Caramba, debes de estar loco!

Un hombre que tenía un resfriado pidió cita en un especialista y la enfermera se la dio para cuatro semanas después...

—¡Cuatro semanas! —exclamó el enfermo—, ¿no se da cuenta de que puedo haberme muerto para entonces?

—No se preocupe —repuso la enfermera—, en ese caso anularemos la cita y el doctor no le cobrará nada.

Un médico trataba de levantar el ánimo de un paciente diciéndole:

—Su vida no corre peligro. Yo mismo padecí esa enfermedad.

—Sí, doctor —se lamentó el paciente—, pero usted no tuvo el mismo médico.

En el dentista.
—¿Quiere usted que le duerma las muelas?
—Bueno, con tal de que se despierten antes de la cena...

Un hombre con catarro va a la farmacia y pide un medicamento para la tos. El dependiente le da, por error, un laxante, y el enfermo paga y se va. No mucho después, el dependiente se da cuenta de su error, y sale corriendo para buscar al cliente, al que encuentra agarrado a una farola.

—¿Qué le pasa? —le pregunta.

—Tengo muchas ganas de toser, pero... no me atrevo.

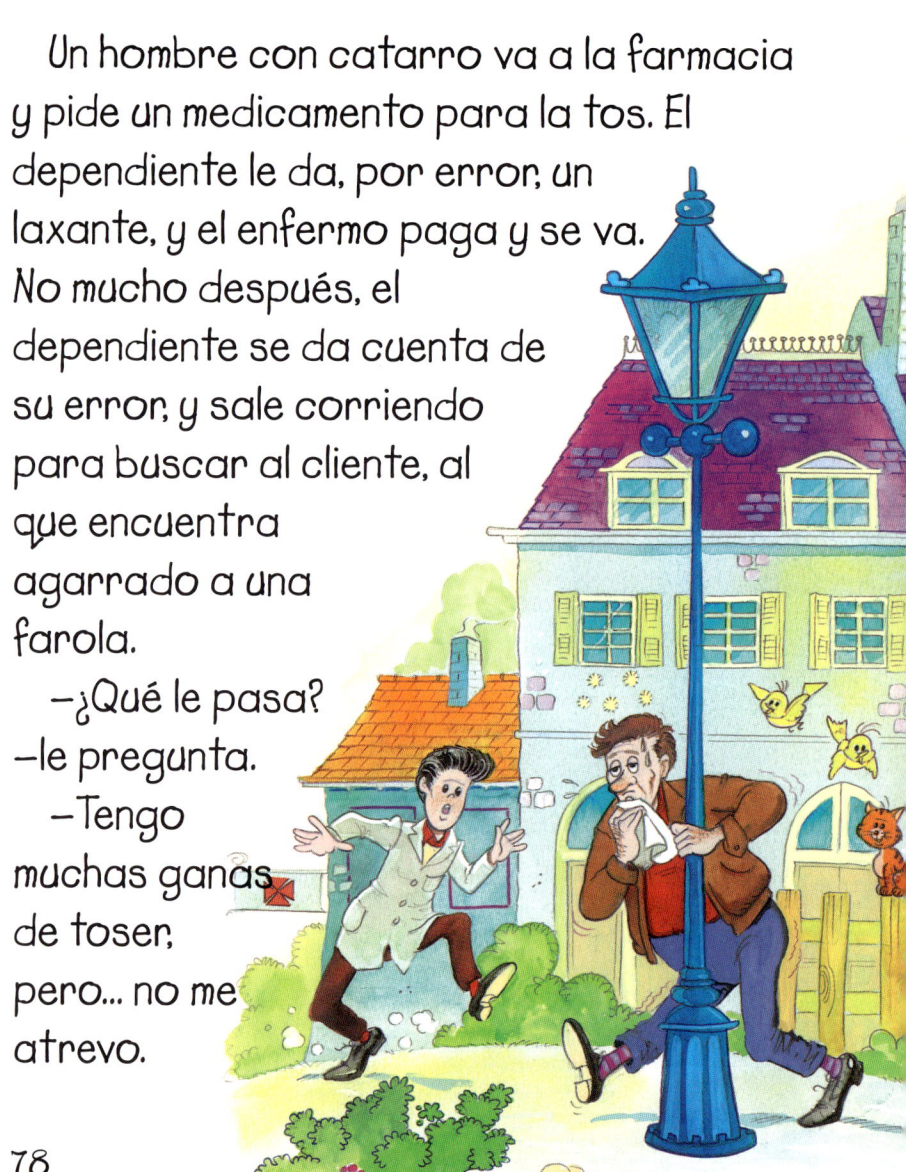

Se encuentran dos amigos. Uno de ellos lleva vendado el ojo derecho.

—¿Qué te pasó, hombre?

—Nada, que se me metió una piedrecita en el ojo y vengo del oculista.

—¿Y qué te han dicho?

—Dice que dentro de veinte días andaré tranquilo por la calle.

Se vuelven a encontrar veinte días más tarde.

—Tenía razón el médico, ¿eh?

—¡Y tanto! ¡Tuve que vender el coche para pagarle!

Dos comerciantes de vacaciones en un balneario entablan conversación. Uno de ellos dice:

—Pude venir aquí gracias a mi póliza de seguros. Cobré un millón por un incendio.

—Mi caso es parecido —dice el otro—. A mí me pagaron algo más por las pérdidas sufridas en una inundación.

Tras una larga pausa, el primer comerciante pregunta:

—Bueno... ¿y cómo se hace para provocar una inundación?

—Antonio, dame cuarenta euros, que tengo que comprarle al niño una camiseta y un pantalón para sacarlo de paseo.

—Toma diez, que es todo lo que tengo.

—Con esto no tengo bastante, y no podré sacarlo de paseo.

—Pues cómprale una gorra y asómalo por la ventana.

Un campesino recibe un telegrama de su hermano, que ha emigrado a tierras americanas:

«Ven pronto. El dinero está tirado».

El campesino, sin pensarlo mucho, se embarca rumbo a Nueva York, y apenas baja del barco ve en el suelo un billete de cien dólares. Se dispone a cogerlo, pero pensándolo mejor se dice:

«Mi hermano tenía razón, pero no voy a ponerme a trabajar desde el primer día...».

Una señora ve que una vaca ha entrado en su jardín y se está comiendo sus flores.

Corre a comunicárselo a su esposo.

—¡Antonio! Una vaca ha entrado en nuestro jardín y se está comiendo las flores.

—Ordéñala enseguida, y después la echas.

En una granja, aparece el inspector para hacer una revisión:

—¿Puede decirme qué da de comer a los cerdos?

—¡Ah! Pues yo les doy judías, arroz, carne con verdura... lo mejor de lo mejor.

—Pues le vamos a poner una multa, porque no hay derecho a que sus cerdos coman tanto, mientras en el mundo se mueren miles de niños de hambre.

Otro día, aparece un periodista a hacerle una entrevista.

—¿Qué da usted de comer a los cerdos?

—¡Ah! Pues lo más barato que encuentro: las sobras de comida de la casa y del bar que hay enfrente, pan seco, etc.

—Pues no sé cómo no le da vergüenza. No hay derecho a que alimente tan mal a los

animales... Ya verá lo que vamos a decir de usted...

Al día siguiente, aparece otro periodista:

—¿Qué es lo que da de comer a los cerdos?

—Pues mire, yo les doy veinte euros y que se compren lo que quieran.

—¿Me pone tres euros de aceite?
—¿Se lo lleva puesto o se lo envuelvo?

• • • • • • • • • • • • • • • • • •

Un avaro compra en la tienda quince gramos de jamón.
—¿Quiere que se lo envíe a casa? —pregunta irónico el tendero.
—No, gracias —responde impasible el hombre—, tengo fuera el camión.

Una viejecita cruzaba todos los días la frontera en una bicicleta con un saquito de arena en la rejilla trasera. Al inspector de aduanas no tardaron en entrarle sospechas y preguntó:
—¿Qué lleva en ese saco?
—Sólo arena, señor.
El inspector vació el saco y vio que sólo era arena. Intrigado, un día le dijo a la viajera:
—Prometo no detenerla, pero, por favor, dígame: ¿Hace contrabando?
—Sí —respondió la anciana.
—¿De qué?
—De bicicletas.

Un hombre le dice a su amigo:

—Ahora que tiene usted una gran fortuna, acuérdese de sus amigos de los tiempos de pobreza.

—Es que cuando era pobre no tenía muchos amigos...

Diálogo en la cárcel entre dos presos.
—¿Por qué estás en la cárcel?
—Por haber robado una noche en una joyería. Rompí el cristal de la vitrina con un ladrillo, agarré todo lo que había y me fui.
—Y ¿cómo te pillaron?
—Es que al día siguiente volví a recoger el ladrillo. ¡Era nuevo!

El viejo don Anselmo está enfermo y pide a su mujer un vaso de leche.

La mujer ordeña la vaca y añade a la leche una copa de licor para que la bebida sea más reconstituyente.

Tras beber, don Anselmo dice a su mujer:

—Querida, haz lo que quieras si me muero, pero no te desprendas de una vaca como ésta.

Un viejo tendero está en la cama, muriéndose, con toda la familia a su alrededor.

–¿Estás aquí, esposa? –musita el moribundo.

–Sí, cariño –responde la mujer.

–¿Y tú, Juan, mi primogénito?

–Sí, papá –contesta acariciándole.

–¿Y tú, Pedro, también me acompañas?

–Cómo no, padre –responde.

–Y mi adorada Raquel, ¿dónde está?

–Aquí, aquí –contesta la hija entre sollozos.

Entonces el viejo hace un gesto de enfado y murmura:

–Y si estáis aquí todos, ¿quién diablos está despachando en la tienda?

Un hombre entra en un bar y pide al camarero:

—Deme una copa antes de la batalla.

El camarero se la sirve, y el cliente se la bebe, y dice:

—Amigo, póngame otra más antes de la batalla.

Con esta copa sucede lo mismo que con la primera, y así hasta que se bebe diez copas y se queda adormilado; pero todavía pide, balbuceante:

—Camarero, deme la última copa antes de la batalla.

El camarero, ya harto de tanta batalla, le pregunta:

—¿De qué batalla habla?
—De la que habrá entre usted y yo a la hora de pagar, porque no tengo ni un euro.

● ●

En el restaurante, un hombre espera a que quede vacía alguna mesa. Ve una en la que un señor se ha quedado dormido.

—Camarero, ¿por qué no despierta a ese señor y le dice que se vaya?

—Ya se lo he dicho tres veces, pero vuelve a quedarse dormido.

—¿Y por qué no lo echa de una vez?

—Pues..., porque cada vez que lo despierto pide la cuenta y paga.

Se sube un señor al autobús y pregunta al conductor:

—¿Cuánto cuesta?

—Un euro.

—Pues que se bajen todos, que me lo quedo.

Un peatón toma un taxi y le dice al taxista:
—¡Al centro de la ciudad!
Al llegar pregunta:
—¿Qué le debo?
—Ocho euros —responde el taxista.
El cliente le da cuatro euros.
—Le he dicho que son ocho.
—¿Es que usted no ha venido conmigo?

El casero se presenta, hecho una furia, en casa del inquilino que hace ya tres meses que no paga el alquiler del piso.

—¿Qué? —exclama— ¿Piensa usted pagarme o no?

—Lo siento, pero ahora no puedo.

—Bien, ésta es la última vez que le reclamo el alquiler. ¿Lo oye usted bien? ¡La última vez!

—¡Hombre, gracias a Dios desde ahora voy a poder vivir tranquilo!

En la cafetería.

—¿Usted qué haría —pregunta un cliente al camarero— con un tipo que no pagara su consumición?

—Pues le daría un par de patadas y lo echaría a la calle.

—Pues entonces —dice el individuo levantándose y volviéndose de espaldas al camarero—, ¡cóbrese!

En la barra del bar.

—Un whisky doble antes de que llegue...

Después de servírselo, le pregunta el camarero:

—Antes de que llegue, ¿quién?

—El momento de pagar; ¡no tengo ni un céntimo!

Una niña corre hacia su padre y le dice:

—Papá, ¿me das un euro para un pobre hombre que está gritando en la calle?

El padre, sonriendo ante el gesto caritativo de la niña, se lo da y le dice:

—Ten el dinero. ¿Qué le pasa a ese pobre hombre?

—Bueno, grita «helados de chocolate a un euro».

—Yo pienso ir de vacaciones a Tahití.
—¿Y cuánto te cuesta eso?
—¡Nada!
—¡Imposible!
—¡Pensarlo no cuesta nada, chico!

La estación queda a unos kilómetros del pueblo, y un avaro pregunta a un taxista:

—¿Cuánto cuesta ir a la estación?

—Quince euros, señor.

—¿Y cuánto por las maletas?

—Por las maletas no le cobro nada, señor.

—¡Estupendo! —exclama el avaro—. ¡Entonces, lléveme las maletas, que yo iré caminando!

Un matrimonio muy tacaño va en un tren y a mitad de viaje el tren descarrila espectacularmente. La puerta del compartimento se queda atrancada, pero la pareja sólo ha sufrido leves rasguños; por el pasillo se oyen gritos, pasos acelerados, golpes metálicos... De pronto, alguien intenta abrir la puerta del compartimento y, al ver que está cerrada, llama insistentemente mientras dice:

—¡Abran, rápido! ¡Somos de la Cruz Roja!
El marido mira a su mujer muy serio y contesta a través de la puerta:
—Perdone, pero nosotros ya hemos dado.

• •

—¡Cuánto te habrás divertido en Barcelona!
　　—No salí del cuarto del hotel ni una sola vez.
　　　　—Pero, ¿por qué?
　　　　　　—Es que la habitación costaba carísima y no iba a despilfarrar el dinero...

Un loco mira el cielo estrellado a través de un bastón. Un compañero le pide el bastón para poder mirar él también.

—¡Pero si no se ve nada!

—Chico, llevo más de dos meses mirando al cielo, aún no he visto nada, y tú quieres verlo el primer día.

Tres amigos venían de una fiesta un poco bebidos y aparecieron en la estación en el momento en que arrancaba el tren. Al verlos hacer eses tratando de alcanzarlo, el jefe de estación y un mozo ayudaron a subir a dos de ellos, pero no lograron auxiliar al tercero, que se quedó triste en el andén viendo alejarse el tren.

—Lo siento mucho, señor —le dijo el jefe de estación.

—Más... lo van a sentir... mis amigos... que habían venido a despedirme.

En una fiesta, un joven había bebido demasiado. Se acerca a una chica y le dice lánguidamente:
—El vino la pone muy bella, señorita.
—¡Pero si no he bebido ni una copa!
—¡Usted no, pero yo sí!

Un borracho entra en un bar gritando:
—¡Feliz Año Nuevo a todos!
El camarero le contesta:
—Usted está loco de remate... Estamos en junio.
El borracho le mira asustado y dice:
—Mi mujer me va a matar. ¡Nunca me había retrasado tanto!

—¡Fea, más que fea!
—¡Borracho!
—Sí, pero a mí mañana se me pasa...

—¿En qué se diferencia un árbol de un borracho?
—En que el árbol empieza en el suelo y termina en la copa, y el borracho al revés.

El director de un manicomio ve que tres locos se suben a una higuera. Dos de ellos se dejan caer de las ramas, dándose el consiguiente porrazo. El tercero los observa colgado de otra rama. El director se acerca al pie del árbol y pregunta al que está arriba:

—¿Por qué no te tiras tú también?
—Es que todavía no estoy maduro.

Dos locos miran su reloj y uno le dice al otro:

—Es mediodía.

—No señor, es medianoche.

Después de discutir deciden preguntárselo al director del manicomio.

—Señor director, díganos por favor si es mediodía o medianoche.

—No lo sé, no tengo calendario.

Un albañil que arregla una pared en un manicomio ve que uno de los locos lleva una carretilla vuelta del revés.

Intentando ayudarle, le dice:

—Dele usted la vuelta a la carretilla.

—No, no, que ayer la llevaba como usted dice y me la llenaron de ladrillos.

El médico examina a uno de los pacientes del manicomio y para comprobar su progreso le pregunta:

—¿Qué te ocurriría si te cortaras la nariz?

—Que no vería ni torta.

—¿Por qué?

—Porque, ¿cómo iba a ponerme las gafas?

Un hombre está con una máquina de escribir sentado en la acera, junto al semáforo.

Pasa un señor y le dice:
—Oiga, que el manicomio está ahí enfrente.
—Sí, pero aquí están las oficinas.

El camarero a un cliente asiduo:

–Buenos días, ¿qué desea?

–Deme dos botellas de vino.

–¿Para usted?

–Sí, necesito beber ahora mismo para olvidar.

–Pues si bebe para olvidar, tendrá que pagarme por adelantado.

Está un borracho tumbado en medio de la calle y aparece un guardia que le dice:

—¡Eh, tú, levántate, hombre! ¿No ves que estás interrumpiendo el tráfico?

—Es que todas las casas me dan vueltas y estoy esperando a que pase la mía para meterme en ella.

Un borracho iba por la calle con las orejas llenas de ampollas.

—¿Qué te ha pasado? —le preguntó un amigo.

—Mi mujer dejó la plancha encendida junto al teléfono. Alguien llamó y tomé la plancha por equivocación.

—Ya... ¿Y la otra oreja?

—Nada, que el muy estúpido volvió a llamar.

El doctor explica las diversas locuras de los enfermos al nuevo vigilante del manicomio.

—Ése se cree que es Napoleón; éste, un balón de fútbol; aquél, que lleva atado un cepillo de dientes a un cordel, cree que lleva un perro; el otro...

El vigilante los quiere ir conociendo y habla un poco con cada uno. Al llegar al del perro, le pregunta:

—¿De qué raza es?

—¿El qué? —pregunta el loco enfadado—. ¿Por qué todo el mundo me pregunta lo mismo? ¿No ve usted que son un cordel y un cepillo de dientes?

—Perdone, yo... Sí, claro, tiene usted razón, qué tontería —se disculpa el asombrado vigilante, alejándose por si acaso.

Y cuando lo pierde de vista, murmura el loco dando un tirón al cordel:

—Vamos, Sultán, hemos engañado a otro.

● ● ● ● ● ● ● ● ● ● ● ● ● ● ● ● ● ●

—Doctor, doctor, cámbieme de habitación, se lo ruego, tengo miedo de mi vecino, temo por mi vida.

—¡Pero hombre, su compañero es inofensivo, cree que es un gatito blanco!

—Por eso me da miedo. ¿No ve usted que soy un ratón?

Llega el marido a casa a las doce de la noche absolutamente borracho.

Va haciendo eses y apenas se tiene en pie. Le recibe su mujer al borde de la histeria y le grita:

—¡Pepe! ¡Tú a mí me entierras!

Y Pepe responde:

—Sí, vengo yo como para cavar hoyos...

La mujer al marido:

—Manolo, eres un borracho, ¿qué hiciste anoche?

—¿Yo? Bueno, llegué un poco tarde, pero sólo me preparé una limonada... Luego me dormí enseguida...

—Limonada, ¿eh? Vete a la cocina y mira cómo has dejado al canario.

En un manicomio.
—Pepe, ¿por qué no nos casamos?
—Venga, mujer, tú estás loca.
—¿Y tú? ¿Te crees que estás aquí de veraneo?

• • • • • • • • • • • • • • • • • • • •

Está un loco al borde de un precipicio gesticulando y señalando hacia abajo. Lo ve un conductor que pasa por allí y para el coche.
—¿Qué pasa? —pregunta el recién llegado.
—¡Cómo ha quedado el 127! ¡Cómo ha quedado el 127! —se lamenta sin dejar de mirar hacia el abismo.

—Oh, cuánto lo siento —dice el buen hombre—. ¿Dónde está? No lo veo...

—Allí —responde el loco, señalando con un dedo—. ¡Cómo ha quedado el 127!

—Sigo sin verlo —comenta el otro, acercándose al borde.

En ese momento, el loco le empuja, se asoma y, pocos segundos después, exclama:

—¡Cómo ha quedado el 128! ¡Qué barbaridad! ¡Cómo ha quedado el 128!

De militares y policías

Un experto piloto está explicando sus hazañas a un grupo de amigos.

—Imaginaos la situación. Una niebla que no dejaba ver a dos metros, los motores parados, el depósito de combustible sin gota de gasolina...

—Y, ¿cómo te salvaste?

—¡Porque no habíamos despegado todavía!

En la aduana.

—Oiga, ¿qué lleva en esa bolsa? —pregunta el policía.

—Nada, comida para los pollos.

—Ábrala —ordena el agente.

La abre y está llena de relojes de contrabando.

—Conque comida para los pollos, ¿eh?

—Sí, agente; yo se los echo a los pollos. Pero, claro, si no se los comen, no me queda más remedio que venderlos...

A un marinero novato se le ordena que nada más llegar al barco se presente ante el capitán. Cuando llega a la pasarela se encuentra con un teniente.

—¿El capitán?
—Por babor —le contesta el oficial.

Y de nuevo el marinero pregunta:
—Por babor, ¿el capitán?

En la oficina de reclutamiento.

—¿Nombre y apellidos?

—Pepedro Totorres.

—Anote, escribiente: «Pedro Torres. Señas particulares: tartamudo».

—No. Mi nombre es Pepedro Totorres. El tartamudo era mi padre, que me puso el nombre.

Napoleón pasaba revista a sus tropas antes de una batalla.

De pronto, uno de los soldados dio un paso al frente, diciendo:

—Sire, yo soy solamente sargento, pero tengo madera de mariscal.

El emperador le dijo, sonriendo:

—Muy bien, sargento, os llamaré cuando necesite mariscales de madera.

Un cabo aspirante a sargento se presentó ante la junta de examinadores.

Después de varias preguntas de carácter militar, el jefe de la junta le puso el siguiente problema:

—Si usted tuviera treinta y ocho euros en un bolsillo y ciento veinticinco en otro, ¿qué tendría?

—Mi capitán —repuso sin titubear—, seguramente tendría puestos los pantalones de otro.

Ante el tribunal.

—Señor juez, yo no robé la cartera. La encontré ayer, en la calle.

—¿Por qué no la devolvió?

—Porque ya era de noche.

—¿Y al día siguiente?

—Ya estaba vacía y no valía la pena devolverla.

—¿Pero otra vez está usted aquí? ¿No le dije que no quería verlo más?

—Sí, señor juez, ya se lo decía yo a los guardias cuando me detuvieron, pero no me hicieron ni caso.

Un señor entrado en años acudió a una oficina de reclutamiento:

—Deseo ingresar en las Fuerzas Armadas.

—¿Cuántos años tiene usted? —preguntó el oficial.

—Sesenta y dos.

—Sabe usted perfectamente que es demasiado viejo para ser soldado.

—Para soldado sí.... pero, ¿no necesitan ustedes generales?

—Vienen los indios, mi general.
—¿Son amigos o enemigos?
—Deben de ser amigos, porque vienen todos juntos.

—Vienen los indios, mi general.
—¿En qué plan vienen?
—Deben de estar de fiesta, porque van todos pintarrajeados.

—Vienen los indios, mi general.
—¿Como cuántos son?
—Mil uno, mi general.
—¿Cómo lo sabe con tanta exactitud?
—Pues porque se ve un grupo de mil más o menos, y delante viene un indio suelto.

En la comisaría.

—¿De modo que dice usted que la agresión fue con arma blanca?

—Sí, señor comisario. Me dieron un golpe con una botella de leche.

—¿Cuánto tiempo hacía que usted no robaba?

—Cinco años, señor comisario.

—Bastante tiempo. ¿Y dónde estuvo usted durante esos cinco años?

—En la cárcel.

El coronel de un regimiento solicita, a medianoche, hablar por teléfono con el Estado Mayor. Al otro extremo, el telefonista pregunta:

—¿Quién es el imbécil que me molesta a estas horas?

—¿Sabe usted con quién está hablando? ¡Soy el Coronel del Regimiento!

—¿Y usted sabe quién soy yo?

—¡No!

—¡Menos mal!

Un teniente se encara con un recluta:

—Entonces, ¿usted protesta por un poco de tierra en la sopa?

—Sí, señor —contesta el recluta.

—Pero, bueno, ¿usted vino al ejército para servir a su país o para protestar por la comida?

—¡Vine al ejército para servir a mi país, no para comérmelo!

—¿Qué haría usted —preguntó un general a un recluta— si su fusil se atascara en pleno ataque enemigo?

El recluta respondió según el manual:

—Quitar cerrojo. Examinar cerrojo. Poner cerrojo. Continuar disparando.

Impresionado, el general preguntó a un veterano:

—Y usted, ¿qué haría?

En el mismo lenguaje del manual, el veterano contestó:

—Tirar fusil. Tirar mochila. Correr velozmente.

Un sargento ordena a un recluta:

—Coja una bicicleta, entregue este papel en aquella oficina que se ve allí lejos, y vuelva de inmediato.

Casi una hora después, el impaciente sargento ve cómo el soldado vuelve de hacer el encargo, empujando lentamente la bicicleta.

—Pero ¿qué ha pasado para tardar tanto? —le pregunta exasperado—. ¿Es que ha pinchado una rueda?

—No, mi sargento —repone el recluta—: es que no sé montar en bicicleta.

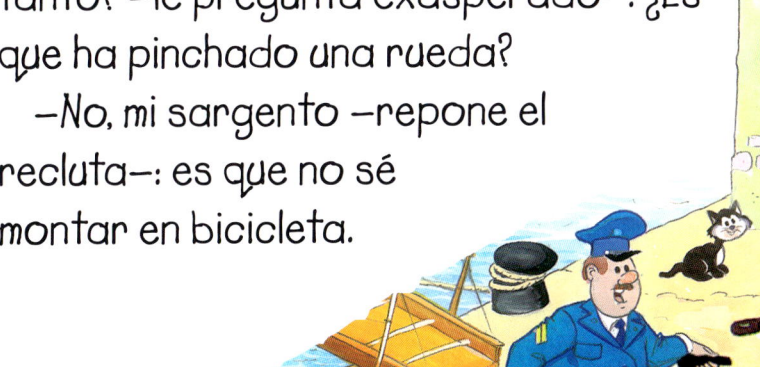

El coronel:
—Mi general, hemos perdido la batalla.
El general:
—¡Pues búsquenla!

Un joven recluta escribe a su padre anunciándole que ha sido destinado al cuerpo de motoristas y que necesita dinero para comprarse una motocicleta.

El padre le responde:

«Querido hijo: Te envío el dinero, pero ruega a tu coronel que no te cambie de destino y, sobre todo, que no se le vaya a ocurrir mandarte a la marina, porque no tenemos dinero para comprarte un barco».

El coronel a su ayudante: Mañana a las nueve habrá un eclipse de Sol, fenómeno que no ocurre todos los días. Ordene que salga la tropa al patio en traje de faena, para que puedan observar esta rareza natural, y yo estaré presente para explicarla. Si llueve, no podrá verse nada, así que ordenará usted que lleven a la tropa al gimnasio.

El ayudante del coronel al capitán: Por orden del coronel, mañana a las nueve habrá un eclipse de Sol; si lloviera no podrá verse desde el patio y, por consiguiente, en traje de faena el eclipse tendrá lugar en el gimnasio, cosa que no ocurre todos los días.

El capitán al sargento: Mañana a las nueve, en traje de faena, el coronel

eclipsará el Sol en el gimnasio, como ocurre todos los días cuando hay buen tiempo; si llueve tendrá lugar en el patio.

El sargento al cabo: Mañana a las nueve el eclipse del coronel en traje de faena por el Sol tendrá lugar en el gimnasio; si llueve allí, cosa que no ocurre todos los días, la tropa formará en el patio.

Comentarios entre la tropa: Mañana, si llueve, el Sol eclipsará al coronel en el gimnasio. Lástima que esto no ocurra todos los días...

De todo un poco

Una adivina exigió a su clienta que le diese cien euros para iniciar la consulta; luego le dijo que podía hacerle dos preguntas.

—¿No le parece demasiado dinero por sólo dos preguntas? —protestó la joven.

—Sí —confesó la pitonisa—. ¿Cuál es su segunda pregunta?

Un albañil cae de un andamio situado a la altura de un primer piso. Dos mujeres lo recogen, un poco magullado, y lo llevan a la taberna más próxima.

—Dele un vaso de vino —dicen— para que se reponga.

Y el accidentado se queja:

—¿De qué piso tengo que caerme para que me den una copa de coñac?

Se reúnen todos los animales de la selva para celebrar una fiesta. El león, que para eso es el rey, les dice en voz alta:

—Vamos a organizar una carrera de sacos en la que pueden participar todos los animales que lo deseen...

La ranita optimista comenta:

—¡Qué bien, cómo nos vamos a divertir!

El león, despreciándola con la mirada, prosigue:

—Después tendremos una suculenta comida, que se recordará como la mejor de esta selva.

La ranita optimista interrumpe:

—¡Qué bien, qué bien, cómo nos vamos a divertir!

El león, mirándola con odio, masculla:

—Pero hay un animal verde muy bocazas que vive en la orilla del río al que no dejaremos participar en nada...

Y la ranita optimista dice:

—¿Qué le habrá hecho al rey el cocodrilo?

● ● ● ● ● ● ● ●

Un individuo a otro:

—Le vendo este coche.

—¿Y para qué lo quiero yo vendado?

Samuel y Marcos fueron a cenar y, al sentarse a la mesa, Marcos vio con disgusto que Samuel se servía el mayor de los dos pescados que había en la fuente.

—Menuda educación la tuya —reprochó Marcos a su compañero—. Yo me habría servido el pescado más pequeño.

—Bueno —replicó Samuel—. ¡No sé de qué te quejas, ahí lo tienes!

Un transeúnte pregunta a otro:
—Por favor, ¿dónde está la calle del Pez?
—Es la que viene.
—Pues entonces la espero.

Durante un viaje en tren, el revisor va a uno de los compartimentos a solicitar los billetes.
—El billete, por favor.
—Soy jubilado —contesta uno.
—Trabajador de Renfe —contesta otro.
—Diputado —dice el tercero.
—¿Y usted? —dice el revisor al que queda.
—Yo, idiota —responde enseñando el billete.

• •

En la plaza de toros.
—¡Dejadme solo, dejadme solo!
—Maestro, si está usted solo.
—¡Qué demonios! ¿Y ese toro qué hace ahí?

—Tengo un perro listísimo. No creo que haya otro tan inteligente. Figúrate que el otro día pasó delante de una farmacia, se detuvo ante el escaparate, se quedó mirando, levantó una de las patas y...

—¡Pues no veo qué tiene eso de inteligente!

—Bueno, es que en el escaparate había un letrero que decía: «Análisis de orina».

Entre amigos:

—Mira, no sé qué hacer. El otro día apareció un pingüino en casa. Me ha cogido cariño y me sigue a todas partes. ¿Se te ocurre algo?

—Sí, hombre. ¿Por qué no lo llevas al zoo?

—Ah, buena idea. Voy a probar. Adiós y muchas gracias.

Se encuentran quince días después.

—Hola, Manolo, ¿llevaste al pingüino al zoo?

—¡No me hables! Ha sido peor el remedio que la enfermedad...

—¿Por qué?

—Porque le gustó tanto que después le he tenido que llevar al cine y al fútbol, y ahora quiere ir a los toros...

• •

—Venía a pedirle a usted la mano de su hija.

—¿Cuál? ¿La mayor o la menor?

—No sabía que su hija tuviese una mano más grande que otra.

Una rata blanca, al ser devuelta a su jaula procedente del laboratorio, corrió hacia la compañera y muy emocionada le dijo:

—¿Sabes? Ya tengo amaestrado al dueño.
—¿Cómo?
—Pues sí: cada vez que recorro el laberinto me da de comer.

Unas personas que estaban sentadas delante de un chico en un teatro hablaban tanto que el chico terminó por inclinarse hacia ellos para decirles:

—Perdonen... pero no podemos oír nada.

—No tienen por qué oír nada. Ésta es una conversación privada.

En la carretera, un conductor empieza a adelantar a los demás coches. En una de éstas adelanta a un Seiscientos diciéndole a gritos:

—¡Novecientos caballos!

Al cabo de un rato, se para el conductor a tomar una cerveza y ve pasar al del Seiscientos. Sube a su coche, le adelanta otra vez y repite:

—¡Novecientos caballos!

Otra vez se para en un bar hasta que vuelve a ver pasar al Seiscientos. Sube a su coche, vuelve a adelantarle, pero en una curva derrapa y se cae al río.

En ese momento pasa el Seiscientos, se para y le dice:

—¡Qué! ¿Dando de beber a la manada?

● ●

—Conchi, abajo te espera tu novio —le dijo un señor a su hija.
—¿Ah, pero conoces tú a mi novio?
—No, pero conozco muy bien todas mis corbatas.

La señora al criado:

—Honorato, di a los invitados que ahora se les servirá un café y después cantaré la romanza.

Honorato obedece y, a la vuelta, le pregunta la señora:

—¿Qué te han dicho?

—Que no tienen ganas de tomar café.

Un joven estaba obsesionado con la ecología y su familia ya estaba un poco harta, porque no hablaba de otra cosa.

—¡No puedo resistir tanta suciedad, tanta contaminación ni tanta basura! —se quejó un día a su padre.

Éste, mirándolo un instante, le contestó:

—Está bien; entonces salgamos de tu habitación.

—¡Manolo, súbeme los ladrillos! —pide el albañil desde el cuarto piso. Manolo le lleva unos ladrillos.

—¡Animal! Los quería de tabiques.

Manolo baja los ladrillos y sube los de tabiques.

Al cabo de un rato:

—¡Manolo! ¡Súbeme el cemento!

Manolo carga el saco de cemento y lo sube.

—¡So animal! ¡Yo quería el cemento rápido!

Manolo baja el saco y sube el cemento rápido.

Al cabo de un rato:

—¡Manolo! Súbeme el agua.

—¿La quieres con gas o sin gas?

—¿En qué se diferencia un elefante de un peine?
—No sé.
—Pues entonces, ten cuidado, no sea que vayas a comprarte un peine y te den un elefante.

—¿Por qué los elefantes no pueden ir a la mili?
—Porque tienen los pies planos.

Un hombre trata de conseguir trabajo en un circo.

—¿Qué sabe usted hacer? —pregunta el empresario.

—Imitar a los pájaros.

—¿Está bromeando? Ya tenemos imitadores.

—Bueno, entonces me marcho —responde el solicitante. Y sale volando por la ventana.

Un presidente de Estados Unidos invitó en cierta ocasión a unos amigos a desayunar en la Casa Blanca. Éstos

desconocían el protocolo que debían guardar en la mesa, así que decidieron hacer exactamente lo mismo que el presidente.

Todo fue bien hasta que se sirvió el café. El presidente vertió el suyo en un plato y los invitados siguieron su ejemplo. Luego añadió leche y azúcar, y los invitados hicieron lo mismo. El presidente puso entonces el plato en el suelo... para el gato.

En una ciudad pequeña, un agente de tráfico detuvo a un joven automovilista que iba a gran velocidad por la calle principal. El joven empezó a protestar:

—Señor agente, déjeme que le explique: yo...

—¡Silencio! Lo retendré hasta que regrese mi jefe.

—Pero señor, escúcheme, tengo prisa... —insistía el muchacho.

—¡Cállese ahora mismo!... ¡A la cárcel! —replicó el agente.

Varias horas después, el guardia fue a ver al detenido y le dijo:

—Ha tenido usted suerte. El jefe asiste a la boda de su hija; cuando regrese estará de buen humor y seguro que le perdonará.

—No esté tan seguro —explicó el joven—. Yo soy el novio.

• • • • • • • • • • • • • • •

—¿En qué se parecen un elefante y un sedante?

—En que el elefante es un paquidermo y el sedante, «paquiduermas».

Cierto granjero le envió a su sobrino una jaula llena de gallinas, pero la caja se rompió al sacarlas el muchacho.

Al día siguiente, el sobrino le escribió al tío:

«Las perseguí por todo el corral de mi vecino, pero sólo logré recuperar diez».

Y el tío le respondió: «Pues lo hiciste muy bien. Yo te mandé seis nada más».

A la entrada de un banquete, el que parece estar al frente de la celebración dice en voz alta:

—¡Un momento, por favor! Los del novio que se pongan a la derecha, y los de la novia a la izquierda.

La gente se reagrupa siguiendo su indicación.

Entonces dice el organizador:

—¡Y ahora fuera todos, que esto es un bautizo!

En un avión iba un chico muy travieso que traía locos a todos los pasajeros. En una de sus carreras por el pasillo tropezó con la azafata y le hizo derramar el café que llevaba a un pasajero. Ella estaba limpiando el suelo, mientras el diablillo la miraba.

—Oye —le dijo la azafata—, ¿por qué no sales a jugar ahí fuera?

Un hombre ha robado una gallina y ve que por el camino se acerca la pareja de la Guardia Civil.

«¿Qué hago, qué hago?», piensa el hombre.

Rápidamente, despluma la gallina que llevaba bajo el brazo y la arroja al río.

—¡Hombre! ¿No me querrás decir que la gallina tenía sed?

—¡Qué va, señor guardia! Es que quería darse un baño y le estoy guardando la ropa.

El jefe al empleado que llega tarde:
—¿Por qué ha llegado tarde otra vez?
—Tengo un problema de espalda.
—¿Le duele?
—No, señor. No la puedo despegar de la sábana.

—¿Cuál es el colmo de un carpintero?
—Tener una mujer muy cómoda, unos hijos muy listones, unas hijas muy traviesas y un perro que mueve la cola.

Un dentista ha hallado la manera de que las visitas que le hacen los niños les resulten más agradables: les deja una pistola de agua para que se enjuaguen la boca.

Un señor que enseña a su esposa a conducir un automóvil:

—Con luz verde, sigue; con luz roja, para; y si yo me pongo blanco, anda con más cuidado.

Entre amigos.

—Pues figúrate que el otro día fui a las carreras de caballos y, en un momento que me agaché a recoger dos euros que vi en el suelo, se me subió un tío a la espalda y empezó a gritar como un loco: «¡Arre, arre!».

—Caray, y tú ¿qué hiciste?

—Hice lo que pude: ¡quedé el sexto!

Se encuentran por la calle dos amigos que hacía tiempo que no se veían, y le dice uno al otro:

—Caramba, Paco, has engordado un poco; se te ve mucho mejor.

—Sí, y ¿sabes cuál es el secreto? Que no discuto nunca.

—¡Venga ya! No será por eso...

—Pues no será por eso.

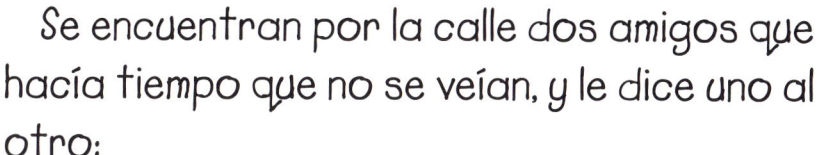

Está un niño llorando en una feria. Se le acerca un guardia y le pregunta:

—¿Qué te pasa, pequeño?, ¿te has perdido?

—No señor, el que se ha perdido es mi papá.

—Pepe —le dice Paco a su amigo, que es muy tartamudo—: ¿por qué no vas a una escuela de tartamudos?

—¿Y para qué? ¡Si tartamudeo muy bien!

En una estación, dos niños estaban frente a la entrada del servicio de señoras, en cuya puerta había una maquinita para pagar.

El muchacho se disponía a poner una moneda en la ranura, mientras decía impaciente a su hermanita:

—Decide una vez lo que prefieres: o esto, o un helado.

En un departamento de un tren, viajan solos Pepe y Paco. En un momento dado, Pepe saca un paquete de cigarrillos, enciende uno y vuelve a guardarse el paquete.

Paco le pregunta:

—¿Te quedan más?

A lo que Pepe, sacando otra vez el paquete y mirando a su interior, le contesta:

—No, me quedan menos.

Camina por la calle Pepe cuando se le acerca Paco y le pregunta:

—¿Sabes la hora que es?

Pepe alarga el brazo, levanta la muñeca, mira el reloj y contesta:

—Sí, lo sé.

Un tímido en un bar:
—Póngame un café, por favor.
—¿Solo?
—Está bien, póngame dos.

Va un niño muy feo a la pescadería y pide:
—¿Me ponen bonito?
—Pero niño, ¿tú te crees que hacemos milagros?

—Cristina, bájate un momento del coche y dime si funciona el intermitente de la derecha.

Cristina se baja, observa y dice:

—Ahora sí, ahora no; ahora sí, ahora no; ahora sí, ahora no...

Un señor se sienta en la terraza de un bar y se pone a leer el periódico. Se acerca un camarero y le pregunta:

—¿Qué quiere tomar?

—Yo, nada, gracias —responde tan tranquilo.

—Entonces, tiene que irse de aquí —le informa educadamente el camarero.

—¿Por qué? —pregunta el hombre sorprendido.

—Porque para estar aquí hay que pedir algo.

—Bueno, entonces deme un cigarro.

Estaban un campesino y su hijo labrando el campo cuando llegó un turista y dirigiéndose al padre le dijo:

—Do you speak English?

—No entiendo nada —contestó el labrador.

—Parla italiano? —preguntó el turista.

—No sé qué dice —dijo el padre.

—Parlez vous français? —insistió.

—Que no sé nada. ¡Déjeme trabajar!

Se fue el turista y el hijo comentó con su padre:

—¡Qué suerte tiene ese hombre, que sabe tantos idiomas!

—¡Bah, si no se le entiende nada! —contestó el aldeano.

● ● ● ● ● ● ● ● ● ● ● ● ● ● ● ● ● ● ● ●

—Hombre, Manolo, ¿de dónde vienes?

—Del Sahara, de matar elefantes.

—Pero si en el Sahara no hay elefantes...

—¡Claro! ¡Buen trabajo me ha costado!

—¡Oye! —se lamentaba el marido desesperado—, me habías prometido que no te comprarías más vestidos.

—No fue culpa mía —respondió ella—. Fue una tentación del demonio.

—¿Por qué no le dijiste: «Apártate, Satanás»?

—Se lo dije y le volví la espalda, pero él me susurró al oído: «por detrás te queda aún mejor, nena».

—¿Cómo colocarías cinco elefantes en un coche?
—No sé.
—Dos delante y tres detrás.

En una corrida de toros, después de una buena faena, un aficionado grita:

—¡La vuelta al ruedo!

Y un turista, que estaba cerca, comenta:

—¡Eso, eso, a ver si ahora me toca a la sombra!

Durante el paseíllo, antes de la corrida, uno de la cuadrilla dice:

—Suerte, maestro.

—Gracias —responde el matador.

—Suerte, maestro —repite.

—Gracias.

—Suerte, maestro —vuelve a decir.

—Que ya te he oído —se enfada el matador.

—¡Que «suerte» le digo, que se le ha enganchao el estoque en mi capote!

Concluida la misa, una pareja salió de la iglesia.

—¿Has visto el traje de la mujer de la fila de delante? —preguntó la esposa—. ¿Y el bolso de la del otro lado del pasillo? ¿Y el vestido azul tan descarado de la que estaba a tu izquierda?

—Pues, no —reconoció el marido—. Creo que no me he fijado en la gente.

Con una mirada fría, la mujer le reprochó:

—¡No sé a qué vienes a la iglesia!

La primera vez que fumé sentí grandes dolores en las orejas.

—¿En las orejas?

—¡Si hubieses visto cómo me las retorcía mi madre...!

—¿Le gustan los toros?
—Sí, mucho.
—Pues tiene usted el mismo gusto que las vacas.

• • • • • • • • • • • • • • • • • • • •

—Sí, he ganado mucho dinero; me he dedicado a la venta de palomas mensajeras.
—¿Es eso un buen negocio? ¿Cuántas has vendido?
—Una, pero regresa siempre a casa.

Un empleado que había recibido dinero de menos en su nómina fue a quejarse al director. Éste miró sus libros y le dijo:

—El mes pasado le pagamos de más. ¿Cómo es que entonces no se quejó usted?

—Bueno, un error se puede pasar por alto —contestó el empleado—, ¡pero dos es demasiado!

Óscar está indignado porque le han expulsado del club de natación. De mal humor, ha ido a ver al director para preguntar los motivos de su expulsión.

—Muy sencillo, Óscar, te hemos expulsado del club por hacer «pipí» en la piscina.

—No lo discuto, señor director, pero lo considero absurdo, ya que usted, y me atrevería a decir que todos los miembros del club, lo habrán hecho en alguna ocasión.

—Posiblemente, pero ninguno de nosotros lo ha hecho desde el trampolín.

• • • • • • • • • • • • • • • • • • • •

—¿Tiene zapatos del 35?

—No, de antes de la guerra no tenemos nada.

—¿Se convenció por fin de que mi perro saber leer el diario?

—Su perro mira el diario, pero no dice ni una palabra.

—Yo nunca dije que mi perro leyera en voz alta.

Un hombre fue a un bar y pidió un vaso de leche. Cuando se lo trajeron, vio que en la leche había una mosca. Entonces llamó al camarero:

—Oiga —le dijo—, la próxima vez tráigame la leche en un vaso y la mosca en otro. Si quiero mezclarlos, ya lo haré yo mismo.

Una muchacha encantadora cena por vez primera en un restaurante de lujo. Al ver pasar al «maitre» llevando un cochinillo humeante, le pregunta al camarero:

—¿Qué es eso?

—Eso... —responde el mozo con mirada amenazante—, eso es un cliente que no dio suficiente propina.

La mujer a su marido:
—Ayer te vieron salir de una discoteca.
—¿Y qué querías, que me pasara la noche allí?

—Señorita —le advirtió a la nueva secretaria el jefe—, al sumar una columna de números hágalo usted por lo menos tres veces antes de mostrarme el resultado.

Al día siguiente, ella le dijo sonriendo:

—Don Manuel, esta suma la he hecho diez veces.

—Magnífico. Me gustan los empleados que trabajan a conciencia.

—Y aquí tiene usted los diez resultados.

Un señor llega corriendo a la estación del pueblo.

—¿A qué hora pasa el primer tren para Madrid?

—Dentro de veinte minutos.

—¡Menos mal! He llegado a tiempo.

—Sí, señor, podrá usted verlo pasar muy bien, porque parar, aquí no para.

Afeitando a un cliente, un peluquero novato no pudo evitar hacerle un corte bastante profundo.

Queriendo disculparse y para hacer olvidar el desliz, dijo al herido:

—¿Le envuelvo la cabeza en una toalla caliente?

—No, gracias —se apresuró a contestar el cliente—, prefiero llevármela puesta.

Una señora que tenía en su casa una piscina, contestaba siempre, a los chiquillos del vecindario, cuando le pedían permiso para nadar en ella:

—Podéis venir, si viene con vosotros vuestra mamá para cuidaros.

Esta respuesta dejó muy triste a un pequeño, que explicó:

—Es que mamá no puede venir conmigo, porque tiene que ir a trabajar.

Pero de pronto se le iluminó el rostro, creyendo haber encontrado la solución, y añadió:

—Pero puedo pedirle un justificante en el que diga que, si me ahogo, no importa...

Entra un caballo en un bar, pide un café, lo toma y se marcha, como si nada.

Un cliente, ya un poco piripi, se dirige al camarero y le dice:

—¡Qué raro!, ¿verdad?

—Pues sí que lo es —contestó éste—; siempre pide cerveza.

Se encuentran dos amigos:

—¿Qué te ha pasado, que llevas esa venda? No se te nota mucho la cojera.

—Es que me di un golpe en la cabeza.

—¿Y llevas la venda en la rodilla?

—Es que me la dejaron un poco floja...

Un pescador, a un lugareño, cerca del lago:

—¿Se puede pescar aquí?

—¡Claro que sí! —contestó este.

—¿No será delito?

—¿Delito dice? ¡Qué va! Será un milagro.

Un maestro a sus alumnos:

—En estas últimas vacaciones, ¿qué habéis hecho para hacer un poco feliz a alguien?

—Yo hice felices a dos personas —dijo uno de los niños—: Fui a pasar unos días a casa de mi hermana, con lo que la hice feliz a ella. Después, al venirme, el que se quedó feliz fue su marido.

Un padre de familia está cada día más indignado con su joven hijo, que tiene la mala costumbre de ponerse, sin permiso, la ropa de su padre.

Una noche, salía el muchacho de su casa muy contento, para acompañar a una amiga. Pero se encontró con su padre:

Un viajero, de paso por Nueva York, compró un televisor para llevárselo a su familia.

—¿Es que no hay televisores en su país? —le preguntó alguien.

—Sí, claro que los hay; pero los programas de aquí me gustan mucho más.

En la aduana del puerto:

—¿Qué lleva en esa jaula, tan tapado?

—Un loro de Brasil.

—Tiene que pagar sesenta euros, por derechos de importación de aves exóticas.

—¿Ha dicho sesenta euros? ¡Antes lo tiro al mar!

A lo que el loro, asustado, responde:

—¡Hombre, Pepe, no me hagas esa faena! ¡Paga!

En un examen, le dice el profesor a un alumno que no ha sabido contestar a nada de lo que se le ha preguntado:

—Voy a hacerle la última pregunta.

Si la contesta bien, lo apruebo; si no, suspenso. ¿Cuántos pelos tiene la cola de un caballo?

—Treinta mil quinientos ochenta y tres.

—¿Y cómo lo sabe?

—Perdone, profesor: ésa es otra pregunta y aseguró que sólo me haría una.

—Eduardo, esa corbata que llevas es mía.
—Sí... me temo que sí —respondió el muchacho.
—¿Y esa camisa?
—También es tuya, papá.
—¡Y mi cinturón! —gritó el padre—: ¿Se puede saber por qué te lo llevas?
—Pero papá —dijo el joven nervioso—, ¡para que no se me caigan tus pantalones!

● ● ● ● ● ● ● ● ● ● ● ●

—Federico, tienes la boca abierta.
—Ya lo sé: ¡la he abierto yo!

—Mamá, ¿cómo nací yo?
—Te trajo la cigüeña.
—Y tú, ¿cómo naciste?
—Mi madre me compró en París.
—¿Y la abuelita?
—La encontraron dentro de una col.
—Pero... ¿es que nunca ha habido un nacimiento normal en esta familia?

Mirando su huerto, el hortelano descubre a un muchacho subido a un manzano.

—¡Verás como te agarre! —le dice—. Pienso hablar con tu padre.

—Papá, aquí abajo hay un señor que quiere hablarte —dijo el niño mirando hacia arriba.

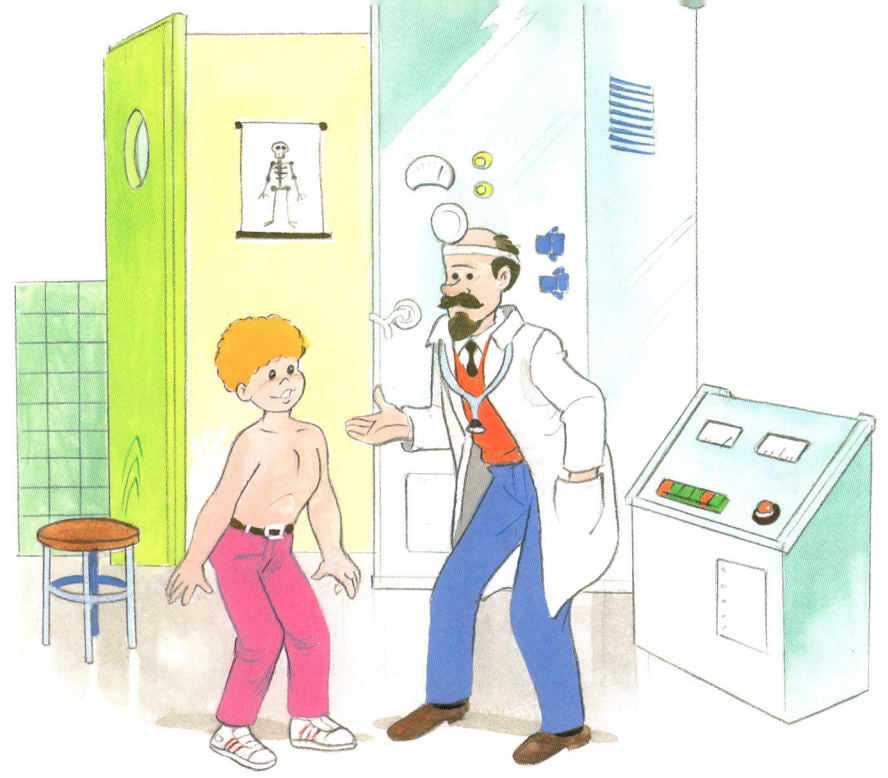

Un chico fue a reconocimiento médico antes de ingresar en el colegio.

El médico le preguntó:

—¿Has tenido alguna dificultad con la nariz o los oídos?

—Sí —contestó el niño—, me molestan cada vez que me quito la camiseta.

Dos jóvenes estaban sentados en un bar.

—¿Por qué bebes la cerveza con paja? —le preguntó uno al otro.

Y este respondió:

—Le prometí a mi madre que jamás pondría los labios en una copa.

El director de una película explicaba al actor la escena del bosque.

—Tienes que correr a gran velocidad: te perseguirá un tigre, pero no te debe alcanzar. ¿Has comprendido?

—Yo sí —responde el actor—. Pero, ¿ya lo sabe el tigre?

A un torero, al que le había cogido el toro, le preguntó uno de su cuadrilla mientras lo llevaban a la enfermería:
—¿Le duele mucho, maestro?
—Sólo cuando me río.

—Bueno, pues me alegro mucho de haberle conocido: he pasado un buen rato con usted.

—Yo también: siempre paso buenos ratos conmigo.

En una carrera:

—Papá, ¿por qué corren tanto esos hombres?

—Porque al primero le dan un premio.

—Y los demás, entonces ¿para qué corren?

Queriendo saber cómo iba su sobrino con las divisiones, le dijo un día don José:

—Si te doy seis céntimos para repartirlos con tu hermanito, ¿cuántos le tocarán a él?

—Dos —respondió el niño sin vacilar.

—¿Cómo que dos? ¿Es que aún no sabes dividir?

—Claro que sé; el que no sabe es mi hermano.

Preguntó un niño a su madre por qué tenía el pelo gris, y contestó ella:

—Mira, cada una de estas canas es una trastada tuya.

—¡Anda! Ahora ya sé por qué la abuelita tiene todo el pelo blanco.

Telefoneó una señorita a cierta agencia de viajes, preguntando cuánto tardaría en llegar de Madrid a Nueva York, en avión.

—Un momento, señora —le contestó la telefonista.

—Estupendo —repuso la señora, que colgó el teléfono sin esperar más detalles.

—Hace poco —contaba un convaleciente— me operaron y el doctor me dejó dentro una esponja.

—¡Vaya una faena! —comentó uno de los amigos—. ¿Y te duele mucho?

—No, dolerme, no me duele; pero, ¡tengo una sed...!

Se acerca un individuo al portero de una sala.

—Oiga: ¿es aquí donde se celebra el concurso de vagos?

—Sí, señor, entre usted.

—No, a mí que me entren.

Está el señor de la casa entusiasmado, viendo un partido de fútbol por televisión. Entra un hijo pequeño con los deberes de la escuela:

—Papá: ¿dónde están los Alpes?
—Pregúntale a tu madre, que es quien guarda todo.

Pregunta un señor en una taquilla de la estación de ferrocarril:

—Por favor, ¿no hay otro billete más barato que este?

—Sí, señor, pero tendría que llevar bozal.

En un grupo de amigos, decía uno de ellos que, si alguien le daba dinero a su perro, el animal saldría inmediatamente a comprar el periódico.

Uno de ellos, para comprobarlo, se lo dio.

Se marchó el perro a todo correr, pero al cabo de una hora todavía no había regresado.

Al protestar el interesado, le preguntó el dueño:

—Pero bueno, ¿cuánto le has dado?

—Un billete de diez euros.
—¡Ahora sí que la has hecho!
Cuando le dan tanto, se va al cine.

• • • • • • • • • • • • • • • • • • •

Cierto señor ató un día al gato con una cadenita y lo sacó a pasear.

Ya en la calle, se le acercó una mujer, temerosa:

—¿Araña?
—No, gato.

Una maestra hablaba a sus alumnos de las costumbres de algunos pájaros.

—Cuando hace frío en el Norte —decía—, vienen aquí, al Sur, para aprovechar el sol. ¿Quiénes son estos amigos que esperamos con ilusión?

Un niño muy despierto gritó con voz chillona:

—¡Los turistas!

Reprendía cierta esposa a su marido en una fiesta a la que habían acudido juntos:

—Ya es la cuarta vez que te sirves tarta y helado. ¿No te da vergüenza?

—¿Y por qué habría de darme? Siempre digo que es para ti.

Un niño de cinco años estaba cansado de que su madre le lavara sin cesar las manos y la cara.

Un día se encontraron con una amiga, que dijo al verlo:

—¡Cómo has crecido, Pedrito!

—¡Claro! —respondió él—. Como que mamá se pasa la vida regándome.

Un muchacho estaba tumbado en el sofá, viendo la televisión, cuando sonó el teléfono.

—Hola, hijo —le saludó su padre—. ¿Dónde está mamá?

—Está en el jardín, arreglándolo.

—Oye, hijo, que mamá ya no es tan joven ni tan fuerte. ¿Por qué no la ayudas?

—No puedo: el otro azadón lo tiene la abuela, que está con ella.

—¿Por qué los leperos ponen cebollas a los lados de la carretera?
—Porque son buenas para la circulación.

—¿Por qué los leperos plantan olivos a la orilla del mar?
—Para que las aceitunas tengan sabor a anchoa.

—¿Por qué los de Lepe no pagan sus deudas?

—Porque quieren que la gente sepa que son hombres de letras.

—¿Sabes por qué los de Lepe estudian en las carpinterías?
—Para ver si así aprenden las tablas.

—¿Por qué en Lepe no tienen palmeras?
—Porque no les gusta comerse el coco.

—¿Sabes por qué las mujeres de Lepe no usan zapatos de tacón?
—Porque tienen miedo a dar un mal paso.

—Papá, papá, se me han caído los burros al pozo.
—Pues échales paja.
—¿Y para qué les voy a echar paja?
—Hombre, agua seguro que no les falta.

—¿Sabes por qué se descubre que han sido unos leperos quienes han asaltado el banco?
—Porque son los únicos que llaman a la policía cuando empieza a sonar la alarma.

¡Eh, policía, que está sonando la alarma!

—¡Camarero, hay una mosca en la sopa!
—No se preocupe, aquí en Lepe no las cobramos.

El monitor de la piscina municipal de Lepe llamó la atención a un bañista:

—¡Eulogio, te prohíbo terminantemente que vuelvas a orinarte en la piscina!

—¡Pero si todos lo hacen! —respondió el Eulogio.

—Ya, pero no desde el trampolín.

La madre pregunta al leperito:

—¿Qué quieres ser de mayor?

—Quiero ser imbécil.

—Pero qué dices, hijito, con lo listo y lo guapo que tú eres...

—Pues sí, quiero ser imbécil.

—¿Y por qué?

—Porque siempre oigo a mi padre decir: «Mira el cochazo que se ha comprado el imbécil del señorito, mira el chalé que tiene el imbécil del alcalde, mira nuestra vecina la guapa qué novio tan imbécil se ha echao...».

—¿Sabes por qué los leperos no practican el esquí alpino?
—Porque no saben subirse al pino con los esquís puestos.

—¿Sabes por qué los de Lepe se creen astronautas?

—Porque están en la luna.

Llega James Bond a Lepe y dice:
—Yo soy Bond, James Bond.
Y uno de Lepe contesta:
—Y yo soy Brosio, el Ambrosio.

Uno de Lepe pregunta a otro:
—¿Crees que la leche engorda?
—Hombre, ¿no has visto cómo están las vacas?

El nuevo alcalde de Lepe llamó a su secretario y le dijo:

—Mande una nota a todo el personal diciendo que hay una reunión extraordinaria el próximo jueves.

—¿Cómo se escribe jueves, con «b» o con «v»?

—Mejor la dejamos para el vier... no, no, que sea para el lunes.

—¿Sabes por qué los de Lepe se tiran al pozo del pueblo?
—Porque les han dicho que en el fondo no son tan tontos.

—¿Sabes por qué descubre la policía que han sido unos leperos los que han robado en el banco?
—Porque son los únicos que hacen un boquete para entrar y otro para salir.

—¿Por qué los de Lepe ponen avispas en la comida?
—Para que esté más picante.

—¿Por qué los de Lepe no se meten a boxeadores?
—Por no dar golpe.

—¿Sabes por qué los de Lepe no les dan agua a sus vacas?

—Para que las vacas den leche en polvo.

—¿Sabes por qué los de Lepe no usan mocasines?
—Porque no saben dónde ponerles los cordones.

—¿Sabes por qué las mujeres de Lepe se abanican con un serrucho?
—Porque les gusta sentir en su rostro el aire de la sierra.

—¿Sabes por qué en Lepe no hay peluquerías?
—Porque los de Lepe ya están hartos de que les tomen el pelo.

Un amigo se encuentra con otro y le dice:
—¿Sabes por qué los de Lepe pierden siempre al fútbol?
—Porque cambiaron el guardameta por un portero automático.

—¿Por qué los de Lepe construyen edificios pacíficos?
—Porque no utilizan cemento armado.

—¿Por qué los ricos de Lepe hacen sus fiestas en la cumbre del monte?
—Para que todos sepan que sus celebraciones las hacen por todo lo alto.

—¿Por qué los de Lepe ponen hielo encima de la televisión?
—Para congelar la imagen.

—¿Sabes por qué los de Lepe cuando van a la mili se llevan un tiro al blanco?
—Porque les han dicho que hay que levantarse con la diana.

—¿Sabes por qué los de Lepe llevan un tigre en el coche?
　—Porque es más fuerte que el gato para levantar el coche si pinchan.

—¿Por qué los de Lepe toman su cuarto café en vaso?
—Porque el doctor les ha dicho que tomar más de tres tazas es peligroso.

—¿Sabes por qué los de Lepe no se duchan con el reloj?

—Porque por más que aprietan los botones del reloj no sale nada de agua.

—¿Sabes por qué las mujeres de Lepe beben agua del mar?
—Para ser más resaladas.

—¿Sabes por qué los de Lepe no comen paella?

—Porque no les gusta tener granos en la boca.

—¿Sabes por qué en la piscina de Lepe nadie practica el estilo espalda?
—Porque los que hacen pipí desde las orillas los ahogan.

El conductor de un autobús dice:
—Les voy a contar un chiste de Lepe.
Y un pasajero protesta:
—Oiga, que yo soy de Lepe.
Y el conductor dice:
—Bueno, no se preocupe, entonces se lo contaré dos veces.

El profesor pregunta a un leperito:
—¿Dónde murió Isabel la Católica?
(Le soplan por detrás: en Medina del Campo, en el Castillo de la Mota).
Y el leperito responde:
—En medio del campo, bailando la jota.

Dos leperos se meten en la finca del Ambrosio, que ya los está esperando con la estaca preparada.

El primer ladrón asoma la cara por debajo del gallinero y recibe un gran estacazo en toda la boca.

—¿Qué te ha pasado? —pregunta el segundo.

—Nada, nada —le contesta su compañero tapándose la boca—, es que me da risa ver lo que están haciendo las gallinas. Asómate, asómate.

• • • • • • • • • • • • • • • • • •

—¿Sabes por qué los de Lepe se ponen la corbata con cualquier ropa?

—Para sujetarse la cabeza.

—¿Por qué los de Lepe no quieren entrar en el Mercado Común Europeo?
—Porque a sus mujeres les queda lejos para hacer la compra.

—¿Sabes por qué los de Lepe caminan sobre las manos en el parque?
—Porque está prohibido pisar el césped.

—¿Sabes por qué los de Lepe se llevan el telescopio al cine?
—Para ver mejor a las estrellas.

—¿Sabes por qué se ahogaron unos de Lepe que iban en barco?
—Porque se estropeó y se bajaron a empujarlo.

—¿Sabes por qué los leperos se ponen al final en el cine?
—Porque el que ríe el último ríe mejor.

Se encuentran dos leperos:
—¿Qué te ha pasado, que llevas esa venda? No parece que cojees.
—Es que me di un golpe en la cabeza.
—¿Y llevas la venda en las rodillas?
—Es que me la dejaron un poco floja...

Un lepero llegó muy nervioso a la consulta del dentista y éste le dijo:

—Tómese un vinito, quiero verle valiente.

Y empezó a beber hasta que dejó de temblar.

—¿Qué, ya ha cobrado valor? —le preguntó el dentista.

—Sí —contestó el lepero sacando una navaja—, ahora quisiera ver yo quién es el valiente que toca mis dientes.

Un lepero se dispone a hacer su primer viaje en tren.

—¡Rápido!, ¡deme un billete!

—Pero ¿para dónde va?

—¿Y a usted qué le importa? Deme el billete que ya me apaño yo.

Un lepero:

—Quisiera enrolarme para el Congo.

—Imposible, muchacho; te faltan diez dientes.

—¿Es que allí hay que comerse al enemigo?

—¿Sabes por qué los de Lepe no pueden ver a los malagueños?

—Porque Málaga está demasiado lejos de Lepe como para poderlo ver a simple vista.

Un lepero se encuentra con su vecina y le dice:

—¡Hola, Antonia! ¿Cómo está tu niño?

—Como un sol, hace dos meses que camina mi angelito.

—¡Pues ya debe de estar lejos...!

Un lepero fue contratado para pintar las líneas blancas de la carretera Lepe-Huelva. El primer tramo lo hizo en unos minutos, el segundo, en unas horas y el tercero le costó dos días.

Llegó el capataz y le preguntó:

—¿Qué te pasa, chiquillo? Empezaste bien, pero ahora ¿por qué tan lento?

—¡Hombre! Es que el bote de pintura cada vez queda más lejos.

—¿Sabes por qué en Lepe les ponen ruedas a las cocinas?
—Para hacer comida rápida.

Un lepero entra en un gran almacén de Sevilla mirando los televisores y un vendedor le pregunta:
—¿Qué desea?
—Mi madre quiere que le compre una televisión de color.
—¿Y cuál le gusta?
—Pues no sé, es que se me ha olvidado de qué color la quiere.

—¿Sabes cuántos leperos se necesitan para poner una bombilla?

—No lo sé, ¿cuántos?

—Cuatro: uno que suba a la silla, dos que lo carguen y le den vueltas, y uno que les diga en qué dirección tienen que girar.

—¿Por qué los de Lepe tienen botellas vacías de los mejores licores en la despensa?
—Para tener algo que ofrecer a las visitas que no quieren nada.

Un lepero que hacía la mili en Madrid llevaba tres horas sentado con un bolígrafo en la mano y un folio en blanco.

—¿Qué haces ahí tanto tiempo? —le preguntó un compañero.

—Ya lo ves, escribiendo a mi novia.

—¡Pero si todavía no has escrito nada!

—Es igual, no sabe leer...

La bruja de Lepe era tan tonta, pero tan requetetonta, que no se dedicaba a las ciencias ocultas porque no las encontraba.

Exageraciones de Lepe

Había un lepero tan cobarde, tan cobarde que por no pegar, no pegaba ni sellos.

Había una lepera tan flaca, tan flaca que no se mojaba con la lluvia.

Había un bruja en Lepe tan moderna que en vez de volar en escoba, volaba en aspiradora.

Había una lepera tan delgada, tan delgada que cuando barría parecía que la escoba bailaba sola.

Había una lepera tan alta, tan alta que se le cayó su niño de los brazos y cuando lo recogió ya había hecho la mili.

Colmos

—¿Cuál es el colmo de una silla?
—Tener cuatro patas y no poder andar.

—¿Cuál es el colmo de un árabe?
—Llamarse Mohamé y no tener paraguas.

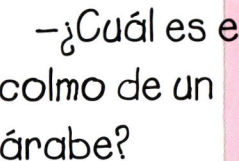

—¿Cuál es el colmo de un calvo?
—Que en su cumpleaños le regalen un peine.

—¿Cuál es el colmo de un jardinero?
—Llamarse Jacinto, casarse con una mujer que se llame Flor y tener un hijo que esté como una regadera.

—¿Cuál es el colmo de un fontanero?
—Ser más pesado que el plomo y tener un hijo soldado.

—¿Cuál es el colmo de un gusano?
—Llevar una vida arrastrada.

—¿Cuál es el colmo de un matemático?
—Morirse de un cálculo de riñón.

—¿Cuál es el colmo de un cerdo?
—Que le regalen un jamón.

—¿Cuál es el colmo de un caballo?
—Tener silla y no poder sentarse.

—¿Cuál es el colmo de un arquitecto?
—Construir castillos en el aire.

—Blanco por fuera y amarillo por dentro. ¿Qué es?
—Un chino envuelto en una sábana.

—¿Por qué el perro levanta la pata al mear?
—Porque al primer perro se le cayó la farola encima.

—¿Cuál es el animal más ladrón del mundo?
—El perro, porque siempre está ladrando.

—¿Qué es aquella cosa sin ventana ni puerta?
—El huevo.

—¿Qué es lo que se compra para comer y no se come?
—La cuchara.

—¿Quién es el que muere por la boca?
—El pez.

—¿Qué cosa es aquella que sube todas las cuestas y lleva su casa encima?
—El caracol.

—¿En dónde se pone una mano y no se puede tocar con la otra?
—En el codo.

—¿Cómo hay que atrapar a un pollo para matarlo?
—Vivo.

—Acaba de nacer un niño negro. ¿De qué color tiene los dientes?
—De ninguno, porque aún no los tiene.

—¿Dónde lleva el melocotón la «h»?
—En el «hueso».

—¿Qué es la boca?
—La casa de las palabras.

—¿Qué es un llavero?

—Es un utensilio sumamente práctico que permite perder de una sola vez todas las llaves que de otro modo tendríamos que ir perdiendo de una en una.

—Si llegas a un bar y te sientas en una mesa, ¿qué es lo primero que te dice el camarero?
—Que las mesas no son para sentarse.

—¿Qué hace la gallina antes de tirarse del palo?
—Subir a él.

—¿Por qué los avestruces no tienen pelos en las patas?
—Porque corren que se las pelan.

—¿Cuál es el mejor remedio para el dolor de corazón?
—Vendarse los ojos, porque ojos que no ven, corazón que no siente.

—Un gallo pone un huevo en la cima de un monte. ¿Hacia qué lado cae el huevo?
—Hacia ninguno, porque los gallos no ponen huevos.

—¿Cuál es la copa
en la que no se puede beber?
—La copa de un árbol.

—Si estás encerrado en una plaza con cinco calles, pero en cada una hay cinco tigres muertos de hambre, ¿cómo saldrías?
—Por cualquier calle, porque los tigres están muertos.

—Un tren parte de Guadalajara a Madrid. En Guadalajara se suben quince pasajeros, en Alcalá de Henares se bajan tres y suben seis y en Atocha se bajan todos. ¿Cómo se llaman los jefes de estación?
—Por teléfono.

—¿Cuántas moscas volando son tres medias moscas más mosca y media?
—Una sola mosca, porque las medias moscas no vuelan.

El coronel: —Mi general, hemos perdido la batalla.

El general: —¡Pues búsquenla!

—¿Sabes una palabra en la que aparecen las cinco vocales y no se repite ninguna?
—Murciélago.

—Dos vacas están pastando, una es más grande que la otra. ¿Cuál será el macho?

—Ninguna, porque las dos son vacas.

—En una corrida, el toro da una cornada al caballo del picador. ¿Quién puede decir que tiene el cuerno dentro, el caballo o el toro?

—Ninguno, porque ninguno de los dos habla.

—¿De qué hay que llenar un cántaro para que pese menos?
—De agujeros.

—¿En qué se parece una oveja a un ejército?
—En que la oveja bala y el ejército, bala por aquí, bala por allá.

—¿En qué se parece un avión a una vaca?
—En que el avión se sostiene y la vaca senos tiene.

—¿En qué se parece una hormiga a un elefante?

—En que el elefante no puede subir a un árbol ni la hormiga tampoco cuando está muerta.

—¿En qué se parece un camello a un mosquito?
—En que el camello tiene joroba y el mosquito joroba cuando pica.

—¿En qué se parece una vaca a un aficionado taurino?
—En que a los dos les gustan los toros.

—¿En qué se parecen los dedos a los huevos?
—En que todos tienen yemas.

—¿En qué se parece un árbol a un libro?
—En que los dos tienen hojas.